Estados Unidos
entonces y ahora

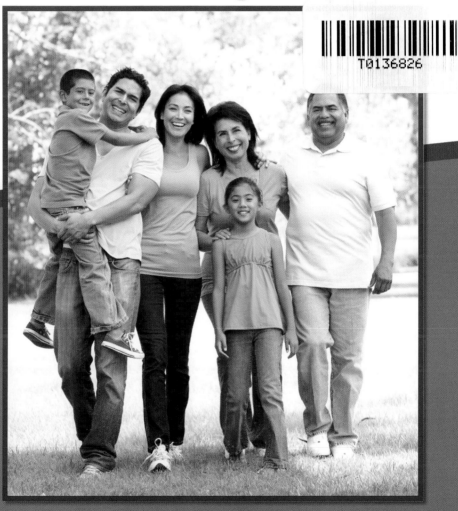

Dona Herweck Rice

Asesora

Mabel Huddleston
Distrito Escolar Unificado de Tustin

Créditos de publicación

Rachelle Cracchiolo, M.S.Ed., *Editora comercial*
Conni Medina, M.A.Ed., *Gerente editorial*
Emily R. Smith, M.A.Ed., *Realizadora de la serie*
June Kikuchi, *Directora de contenido*
Caroline Gasca, M.S.Ed, *Editora superior*
Susan Daddis, M.A.Ed., *Editora*
Sam Morales, M.A., *Editor asociado*
Courtney Roberson, *Diseñadora gráfica superior*
Jill Malcolm, *Diseñadora gráfica básica*

Créditos de imágenes: pág.4 Popperfoto/Getty Images; pág.6 LOC-99472446; pág.8 (centro) LOC-thc1995009175; pág.10, 24 PhotoQuest/Getty Images; pág.14 Alpha Historica/Alamy; pág.16 LOC-2017742751; pág.18 LOC-99614372; pág.19 (inferior) J.D.S/Shutterstock; todas las demás imágenes de iStock y/o Shutterstock
.

Library of Congress Cataloging-in-Publication Data

Names: Rice, Dona, author.
Title: Estados Unidos entonces y ahora / Dona Herweck Rice.
Other titles: America then and now. Spanish
Description: Huntington Beach, CA : Teacher Created Materials, 2018. | Includes index. | Audience: Grade K to grade 3. |
Identifiers: LCCN 2018022161 (print) | LCCN 2018026645 (ebook) | ISBN 9781642901276 (ebook) | ISBN 9781642901115 (pbk.)
Subjects: LCSH: United States--Social life and customs--Juvenile literature.
Classification: LCC E161 (ebook) | LCC E161 .R5318 2018 (print) | DDC 973--dc23
LC record available at https://lccn.loc.gov/2018022161

Teacher Created Materials

5301 Oceanus Drive
Huntington Beach, CA 92649-1030
www.tcmpub.com
ISBN 978-1-6429-0111-5
© 2019 Teacher Created Materials, Inc.
Printed in China
Nordica.092018.CA21801136

Contenido

No tan diferente

Hace tiempo, la vida en Estados Unidos era **diferente** de como es ahora. Pero algunas cosas son iguales. Los detalles han cambiado. Estas son las cosas pequeñas. Pero las cosas grandes son muy parecidas a como fueron siempre.

Esta familia se reunía para ver la tele en 1947.

Entonces y ahora

En Estados Unidos, la gente trabaja y juega. Quieren a sus familias. Quieren a su país. Estas cosas siempre han sido verdad.

Las familias aún disfrutan ver la tele reunidas.

Hogar y comunidad

La gente vive en hogares. Allí duermen y comen. Incluso pueden trabajar allí.

Los hogares del pasado pueden parecer diferentes a los hogares de hoy. Pero sirven para los mismos **propósitos**.

Esta es una casa del siglo XIX.

Hogares diferentes

En algunos edificios caben muchas personas. Estos edificios están divididos en espacios llamados apartamentos. Cada familia tiene su propio espacio para vivir.

Sigue habiendo casas de todo tipo.

La mayoría de la gente vive en pueblos o en ciudades. Allí se pueden ayudar mutuamente. Pueden compartir **mercancías**. Pueden compartir **servicios**.

La gente vivía así en el pasado. Hoy viven así también.

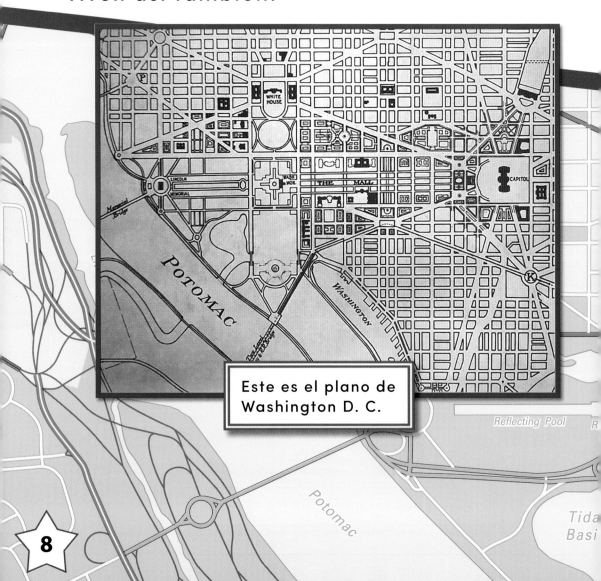

Este es el plano de Washington D. C.

Urbanismo

Los líderes pueden diseñar una nueva comunidad en un mapa. Hacen una cuadrícula para las calles y los terrenos. Diseñan dónde vivirá la gente. Diseñan dónde estarán las tiendas y las oficinas.

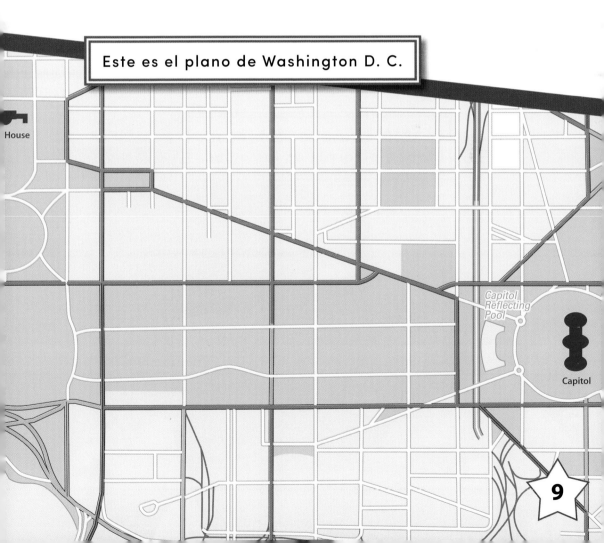

Este es el plano de Washington D. C.

House

Capitol
Reflecting
Pool

Capitol

9

Las escuelas son parte del pasado y del presente. Los niños iban a la escuela entonces. También van ahora.

En el pasado, un profesor podía enseñar a todos los alumnos de una escuela. Los niños aprendían juntos en la misma aula. Hoy, la mayoría de las clases están separadas en grados. Hay muchas aulas. La mayor parte del tiempo hay un profesor en cada aula.

En 1939, se usaban sobre todo libros y pizarras en las aulas.

Diversión y juegos

¡A los estudiantes de entonces les encantaba y a los de ahora les encanta el recreo! Algunos juegos del pasado siguen siendo populares hoy. La rayuela o las cuatro esquinas son juegos **clásicos**.

Hoy, los estudiantes tienen diferentes herramientas para aprender.

A la gente le gustan las noticias. Hace mucho tiempo, era difícil conocer las noticias. Las noticias se enviaban a pie o a caballo. La gente tenía que esperar para enterarse de ellas. Ahora, la gente conoce las noticias cuando ocurren. Los periódicos se publican diariamente. Puedes ver programas de noticias a cualquier hora del día. Las noticias se publican en internet todo el tiempo.

En el siglo XIX los jinetes llevaban las noticias de un lugar a otro.

Hoy es fácil conocer las noticias.

Transporte

La gente se mueve a menudo. Al principio, solo podían ir a pie. Después, montaban en animales. Pusieron ruedas a los carros y navegaban en barcos. Se tardaba mucho tiempo en viajar.

Hoy, gracias a los motores, los coches se mueven y los aviones vuelan. La gente puede ir a cualquier lugar deprisa.

La gente viajaba en un carruaje de caballos a finales del siglo XIX.

Cerca de casa

Las personas no se mueven muy deprisa. Pueden caminar unas tres millas (cinco kilómetros) por hora. Antes de los motores, la gente no iba lejos de casa.

Hoy una familia puede viajar en un coche.

Antes, la gente trabajaba en sus casas o cerca de ellas. Con el tiempo, la gente se dispersó. Ahora, no siempre viven cerca del trabajo.

Lo contrario también es verdad. Las computadoras hacen más fácil que algunas personas trabajen en casa.

Un granjero trabajaba en su jardín en 1940.

Este hombre trabaja en casa.

Esta mujer toma el tren para ir al trabajo.

17

¿Cambio?

Las comunidades cambian. La gente va y viene. Se construyen nuevos edificios. Se produce nueva **tecnología**. La vida trae cambio.

Pero las cosas importantes siguen igual. Las personas viven y quieren. Trabajan y juegan. Se ayudan mutuamente. Esto era verdad hace mucho tiempo. Es verdad hoy. También será verdad mañana.

La gente celebraba el 4 de julio en 1916.

La gente celebra el 4 de julio hoy.

¡Dibújalo!

Sabes que mucha gente nació antes que tú. ¡Aprende de ellos!

Pídele a alguien mucho mayor que te cuente una historia de cuando era joven. Dile que describa qué ocurrió. Dile que te cuente muchos detalles.

Haz un dibujo de la historia que te cuenta. Después, usa tu dibujo como ayuda para contar la historia con tus propias palabras.

Glosario

clásicos: siempre de moda

diferente: que no es igual

mercancías: productos que se venden

propósitos: usos

servicios: trabajos que hacen personas que son contratadas

tecnología: la invención de cosas nuevas para hacer la vida más fácil

Índice

¡Tu turno!

Las escuelas entonces y ahora

Mira esta foto de una escuela de una sola aula. Piensa en tu escuela. Escribe sobre algo que es igual en la foto y en tu escuela. Después, escribe sobre algo que es diferente entre ellas.